Comment souffler ma flûte à bec

La musique est un art et une activité culturelle consistant à combiner sons et silence au cours du temps. Les ingrédients principaux sont le rythme qui est la façon de combiner les sons dans le temps, la hauteur qui est la combinaison dans les fréquences, les nuances et le timbre.

La musique donne lieu à des créations des œuvres d'art crées par des compositeurs, des représentations. Elle utilise certaines règles ou systèmes de composition, des plus simples aux plus complexes souvent les notes de musique, les gammes et autres. Elle peut utiliser des objets divers, le corps, la voix, mais aussi des instruments de musique spécialement conçus, et de plus en plus tous les sons concrets, de synthèses, abstraits, etc.

La musique a existé dans toutes les sociétés humaines, depuis la préhistoire. Elle est à la fois une forme d'expression d'individuelle notamment. En effet, on peut dire que l'expression des sentiments, une très belle source de rassemblement collectif et de plaisir fête, chant, danse et symbole d'une communauté culturelle, nationale ou spirituelle , hymne national, musique traditionnelle musique folklorique, musique religieuse, musique militaire.

Fonctionnalités

L'utilisation de la musique dans d'autres œuvres qui sont donc des œuvres de collaboration tel qu'un film, un dessin animé ou un documentaire pose la question des fonctionnalités de la musique, en particulier dans les contenus audiovisuels. La musique remplit des fonctions lorsqu'elle est utilisée ou incorporée, synchronisée. La musicologue polonaise Zofia Lissa présente douze fonctions principales, la plupart n'étant pas mutuellement exclusives. Elle cherche à en comprendre la façon dont la musique est utilisée dans les films et l'effet qu'elle produit : par exemple :

La fonction de Leitmotiv qui contribue à tracer la structure formelle d'un film : description des personnages, des atmosphères, des environnements, ou encore la fonction d'anticipation d'une action subséquente. Plus largement, se pose la question des fonctionnalités de la musique dans un ensemble audiovisuel qui peut être un flux radiophonique ou un flux télévisuel composé de contenus qui se succèdent sans interruption. Dans un tel contexte, la musique sous la forme d'un indicatif d'émission, d'un jingle, remplit pour les diffuseurs diverses fonctions. Elle peut agir comme un élément d'accroche pertinente et capter une attention par sa capacité à séduire ou à émouvoir ou encore à annoncer. Mario d'Angelo, en s'appuyant doublement sur une compréhension des finalités recherchées du côté de l'offre par les concepteurs des contenus audiovisuels et du flux télévisuel et des finalités perçues du côté de la réception par les téléspectateurs, retient six fonctions : mnémonique, identitaire, émotionnelle, esthétique, didactique et narrative ; elles ne sont pas mutuellement exclusives.

Dimensions sonores et son Grâce au développement des recherches de l'acoustique musicale et surtout de la psycho acoustique, le son musical se définit à partir de ses bonnes composantes timbrales et des paramètres psycho acoustiques qui entrent en jeu dans sa perception. D'objet sonore, matériau brut que le musicien doit travailler, ce matériau devient objet musical ; la musique permet de passer à une dimension artistique qui métamorphose le « donné à entendre ». Le silence n'est plus « absence de son ». Même le fameux *4'33"* de John Cage, est un « donné à entendre ». Mais ce *donné à entendre* englobe désormais un matériau de plus en plus large. Depuis le début du XXe siècle, cet élargissement s'opère vers l'intégration des qualités intrinsèques de notre environnement sonore (concerts bruitistes, dans une introduction des sirènes chez Varèse, pour des catalogues d'oiseaux de Messiaen, etc. Comment distinguer alors bruit et signal, comment distinguer ordre et désordre, création musicale et nuisance sonore ? Le bruit, c'est uniquement ce qu'on ne veut pas transmettre et qui s'insinue malgré nous dans le message ; en lui-même il n'a aucune différence de structure avec un signal utile. On ne peut plus distinguer comme auparavant le son purement musical et le bruit. Avec l'élaboration d'une formalisation par nature des fonctions du bruit, les sons inharmoniques apériodiques qui liés à la vie courante participent désormais, dans l'intégration du sonore, à la construction musicale. Tous les éléments de notre environnement sonore contiennent une certaine part de bruit, qui a vocation de devenir fonction structurante par destination.

L'ensemble de ces grands bouleversements conceptuels accompagne les découvertes scientifiques et techniques qui permirent de développer des factures instrumentales nouvelles notamment avec l'électronique. L'instrument de musique primitif se voulait représentation des sons naturels le vent dans les arbres se retrouvant dans le son de la flûte, le chant des oiseaux dans celui de l'homme…. À cette condition, il était le seul capable de traduire le musical (d'opérer une distinction entre sons harmoniques et bruits. L'extension des techniques aidant, la notion même d'instrument s'est trouvée redéfinie. La machine et l'instrument se sont rejoints. Ce que les hommes acceptent de reconnaître comme musical correspond désormais à une appropriation d'un matériau sonore étendu, à une intégration de phénomènes jusqu'alors considérés comme bruits.

L'apprentissage d'un instrument de musique?

Musicienne ayant plusieurs années d'expérience auprès de la petite enfance, les parents me consultent souvent pour trouver une réponse à cette fameuse question : « À quel âge mon enfant peut-il débuter des leçons de piano, de violon? »

Je réponds qu'en principe, vers l'âge de sept ans, l'enfant a plus de chances d'être prêt physiquement et intellectuellement à commencer une formation musicale, car cette période coïncide avec l'apprentissage de la lecture et de l'écriture. L'âge recommandé pour commencer à apprendre à jouer d'un instrument varie cependant en fonction de l'instrument choisi.

Pour jouer du piano par exemple, il faut une indépendance des mains que les enfants acquièrent vers cinq ans. Parallèlement, pour des raisons purement physiques telles que le souffle nécessaire à la production d'un son, l'apprentissage de certains instruments comme la clarinette, le saxophone et le tuba, ne peut être commencé que vers le début de l'adolescence.

Dans la même optique, la guitare exige de son côté un minimum de force dans les doigts afin de maintenir la pression sur les cordes. L'âge idéal varie également selon chaque enfant : sa taille, sa maturité et son niveau de concentration. Il est donc difficile de répondre à cette question de façon catégorique.

Maturité en jouant un instrument?

Apprendre à jouer un instrument demande une certaine maturité et exige de la discipline. Le bonheur de faire de la musique rime avec plaisir, mais implique également la pratique, la constance et l'effort.

L'enfant qui n'est pas prêt risque de trouver les pratiques quotidiennes contraignantes et il sera peut-être tenté d'abandonner à la première difficulté. Lorsqu'une expérience se révèle négative, il est difficile ensuite de convaincre l'enfant de s'y remettre, même après plusieurs années.

Faire patienter son enfant jusqu'à l'âge où il aura le plus de chances de succès reste une idée gagnante. En reconnaissant le plaisir que peut procurer la découverte d'un instrument, il est préférable de laisser le temps à l'enfant d'avoir hâte d'aller à son cours de musique.

Il doit comprendre, du moins intuitivement, qu'un instrument de musique n'est pas un jouet comme les autres et qu'une valeur particulière y est rattachée. Avant sept ans, pourquoi ne pas amorcer l'éveil musical en famille? Les enfants sont toujours attirés par les champs d'intérêt de leurs parents.

L'éveil musical à la maison : quelques pistes

L'éveil musical peut très bien débuter à la maison, où le parent prend le rôle d'initiateur. Celui-ci peut créer des ambiances musicales enrichissantes en favorisant l'écoute de différents styles musicaux : musique du monde, musique classique, musique pour enfants. Se procurer de petits instruments de percussion, un harmonica ou un gros tambour et en jouer en accompagnant un disque constitue déjà une activité formatrice.

Profiter de chaque occasion pour susciter l'intérêt de vos enfants pour la musique: chanter, danser, mimer et jouer au son de celle-ci. Il est possible, par ailleurs, d'acheter des jeux de société qui visent à faire découvrir aux enfants les sonorités et les caractéristiques des différents instruments de musique. Par exemple, le jeu du Bingo musical est très apprécié des plus petits : il consiste à deviner l'instrument entendu sur une bande sonore.

Proposer à votre enfant un conte musical comme le classique *Pierre et le loup*, de Serge Prokofiev ou lui faire écouter des extraits du *Carnaval des animaux*, de Camille St-Saëns. Découvrir avec lui les sonorités des instruments associés aux différents animaux.

De 3 à 7 ans, faire de la musique est une bonne idée
 Lorsque la musique est vivante à la maison et que l'enfant en veut plus, des cours d'éveil musical sont offerts aux jeunes enfants dans presque toutes les municipalités. Ces ateliers sont des rendez-vous, souvent

hebdomadaires, initiant les enfants aux plaisirs et aux bienfaits de la musique avant de passer à la leçon privée. Les ateliers proposent aux petits de découvrir la musique en groupe à travers des expériences sensorielles et la manipulation de petits instruments de percussion.

Les enfants aiment apprendre de façon ludique; les rondes, les danses et les chansons ont la cote auprès des petits.

Comment amener mon enfant à me demander un cours d'instrument?

Si un enfant manifeste un intérêt pour un instrument, les chances de succès sont bonnes. Toutefois, si personne dans la famille ne joue d'un instrument, il est plus rare qu'un enfant s'exclame en pointant un instrument : « Moi aussi je veux en jouer! » Pour stimuler autrement la curiosité de son enfant envers la musique, certaines initiatives peuvent être prises.

Les concerts en famille et les matinées musicales présentés par les orchestres symphoniques permettent de favoriser les discussions autour de la découverte des instruments. La visite d'un magasin d'instruments de musique un samedi après-midi peut aussi permettre de découvrir de nouveaux instruments.

Par ailleurs, les écoles de musique tiennent régulièrement des séances d'information et de présentation d'instruments organisées pour les élèves inscrits en cours d'initiation musicale. Ces rassemblements permettent aux enfants intéressés par un instrument de le toucher et de poser des questions au professeur. Rien de tel que de voir et d'entendre d'autres enfants ou des adultes jouer d'un instrument pour nous donner le gout d'en faire autant. Aujourd'hui, il est important de savoir que la musique est fait partie de notre vie quotidienne et nul au monde ne peut prétendre que la musique est loin d'être leur soutien d'utilité dans la vie de chaque jour. C'est pourquoi, Nous vous proposons 6 astuces parmi tant d'autres qui peuvent pousser quelqu'un quelque soit son âge à aimer un instrument.

1. Communiquer partout, avec tout le monde

Pas de barrière de la langue avec la musique. Peu importe d'où viennent les musiciens, ils ont une langue commune : celle des notes. Et si vous voulez pousser un peu plus loin le dialogue musical, rien de tel que d'apprendre à lire les partitions ou connaître quelques accords. Il paraîtrait même qu'apprendre à jouer d'un instrument rend l'apprentissage des langues étrangères plus facile, grâce à une oreille affutée par des heures de pratique musicale.

2. Faire de belles rencontres

La musique rassemble. En jouant d'un instrument, vous aurez la chance de rencontrer des musiciens d'univers et d'horizons très différents. Des personnes que vous ne rencontreriez peut-être pas dans vos cercles d'amis habituels, peut-être les membres de votre futur groupe? Et qui pourrait résister à votre reprise des Beatles/Bob Marley/etc. susurrée les yeux dans les yeux, guitare/flute à bec/

cornemuse/etc. à la main ? De belles rencontres, on vous dit.

3. Devenir le nouveau Messi, la nouvelle Serena Williams…

Il est désormais prouvé que l'apprentissage d'un instrument développe. Si vous êtes capable de coordonner vos gestes pour jouer en rythme et sans fausses notes, vous devriez aussi marquer plus de points pendant vos prochains matchs. Plus vous commencez tôt, plus ces effets seront marqués. Comme quoi, sport ou musique, pas besoin de choisir.

4. Devenir le nouvel Einstein !

En plus de (peut-être) devenir le prochain Jimi Hendrix, pratiquer un instrument pourrait aussi vous aider à devenir le prochain Einstein. En effet, apprendre à jouer d'un instrument de musique favoriserait le développement de la mémoire verbale. Les cours ou la musique, encore une fois il ne faut pas spécialement choisir.

5. Développer votre créativité et faire baisser votre stress

Jouer d'un instrument régulièrement vous aide également à déstresser. Des études montrent que jouer de la musique aide à diminuer la pression artériel et le rythme cardiaque. Ce qui entraîne une diminution de la production de cortisol, l'hormone du stress. Les musiciens sont donc moins stressés, et aussi plus créatifs : apprendre à jouer d'un instrument fait appel simultanément à vos capacités cognitive, émotionnelles et de coordination. Une stimulation du cerveau pour « penser » différemment qui en retour stimule la créativité.

6. Accéder à un monde de sensations fortes   (et agréables)

La satisfaction de jouer pour la première fois une de vos chansons est indescriptible. Et quoi de plus réjouissant que de réussir enfin à placer ce riff d'AC/DC, ce scratch très technique ou ce passage difficile de Bach ? Un plaisir démultiplié en groupe : jouer un solo de Metallica devant son miroir, c'est bien, mais sur scène entouré des membres de son groupe, c'est encore meilleur, adrénaline garantie ! Seulement voilà, il est tout à fait possible de faire de la musique, créer des chansons et progresser dans son instrument sans avoir aucune notion de solfège et sans avoir recours à la partition. Les meilleurs exemples à citer sont les guitaristes de légendes Jimi Hendrix et Stevie Ray Vaughan. Sans aucunes notions musicales, ils ont tout de même réussi à révolutionner le monde de la musique et ériger la guitare au rang d'instrument mythique ! De plus, de nombreuses personnes jouent aujourd'hui admirablement bien d'un instrument, sans avoir jamais mis les pieds dans une école de musique.

Alors pourquoi aller perdre son temps à apprendre le solfège ? La question est légitime et mérite d'être posée. Fondamentalement, je dirai que ces personnes qui entretiennent une approche instinctive de la musique ont tout à fait raison : il n'est pas nécessaire de connaître la signification de « gamme mineur harmonique », « mode myxolydien », ou « septième diminuée » pour pouvoir composer. Après tout improviser une mélodie entraînante dans sa tête constitue déjà en soi une composition.

Certaines de ces personnes vont même parfois plus loin dans leur raisonnement en affirmant que les connaissances théoriques peuvent être nuisibles à la composition et à l'inspiration. En effet, trop soucieux d'intellectualiser leur musique, les « théoriciens » se retrouvent à se cantonner à des règles préétablies, donnant ainsi naissance à une musique trop lisse et conventionnelle. Et ce reproche est tout à fait légitime car j'ai moi-même été et suis toujours parfois victime de ce travers.

Cependant, la théorie de la musique si effrayante pour de nombreuses personnes, peut se révéler très utile. En effet, maîtriser le solfège permet de :

- Connaître une langue supplémentaire : Une partition est un langage universel, vous pouvez en effet communiquer avec la terre entière par l'intermédiaire des notes et de la musique !
- Etre sûr de ne pas vous planter dans vos improvisations
- Vous aidez dans votre composition en vous permettant par exemple de

trouver le dénouement d'une suite d'accords que vous ne parviendrez pas à conclure en temps normal

- Comprendre précisément les techniques utilisées par vos artistes préférés afin de pouvoir les reproduire
- Vous aidez à retrouver un morceau à l'oreille : si vous avez par exemple des difficultés à repérer un accord au milieu d'un morceau, la théorie peut vous y aider par la connaissance de la tonalité générale.
- Eviter le syndrome de la page blanche musicale
- Progresser et composer beaucoup plus rapidement et efficacement

Je dirai donc pour résumer que le solfège et la théorie sont de formidables outils en faveur, et au service de la musique. Certes ils ne sont pas indispensables en soi et peuvent engendrer certains travers, mais ce sont d'extraordinaires atouts dont il serait vraiment dommage de se priver. Une personne maitrisant des notions de solfège possède un avantage certain en composition par rapport à une personne non initiée.

Prenons une petite image comparative pour illustrer mon propos en rapportant la musique à la danse : il est tout à fait possible d'être un très bon danseur sans avoir jamais pris de cours de danse. Cependant, la connaissance de certains pas de danses et de chorégraphies constitue un atout considérable et vous seront toujours utiles pour affiner votre style. La théorie, c'est exactement la même chose : elle constitue les pas de danses qui vous permettront d'être toujours dans le coup tout en vous constituant un bagage technique non négligeable.

Quelques remèdes contre le découragement à jouer un instrument

- Si à un moment donné vous ressentez de la frustration, détendez-vous. Quel que soit votre niveau, il est parfois mieux de simplement fermer les yeux et de jouer.

- La vie est simple : si vous souhaitez vraiment faire quelque chose, faites-le ! Rien ne devrait pouvoir vous en empêcher.

- Ne vous mettez pas trop de pression, surtout si vous êtes débutant. La musique s'apprend en jouant, tout comme un enfant apprend dans la vie en jouant. La musique est avant tout un plaisir. Plaisir de jouer, plaisir d'écouter. Détendez-vous et prenez du plaisir à donner vie à la musique.

- Si vous souhaitez acquérir un instrument de musique, essayez différents types d'instruments et choisissez-en un de bonne qualité et qui peut être joué avec facilité. Les instruments de musique les moins chers ne sont pas seulement de moins bonne qualité, ils sont également difficiles à jouer, vous vous lasserez rapidement d'un instrument avec lequel vous avez des difficultés à jouer. Comparez un instrument avec d'autres modèles d'un prix plus ou moins élevé afin de trouver celui qui vous convient et achetez un instrument avec lequel vous avez plaisir à jouer.

- Si vous êtes débutant, appréciez avec intensité les moments pendant lesquels vous jouez. Quand vous commencez à jouer d'un instrument, vous avez une espèce « d'innocence » qui va disparaitre quand vous jouerez mieux. Certains musiciens de renom passent leur vie à essayer de jouer avec cette innocence propre au débutant.

- Quand vous vous entrainez, travaillez tout d'abord les gammes pour vous échauffer, puis apprenez de nouvelles harmonies avant de travailler des morceaux.

A quel âge les enfants peuvent-ils s'initier à la musique ou à la danse ?

Alors que les inscriptions sont ouvertes pour la rentrée, beaucoup de parents se posent la question : *"Ils ont envie de bien faire, mais ils doivent prendre garde à ne pas les rebuter"*, observe le psychiatre Patrice Huerre.

"S'ils envisagent cette activité comme un apprentissage, s'ils raisonnent en termes de compétence, d'efficacité, de précocité et de

rendement, ils font fausse route !", prévient-il. *"Cela ne marchera que si l'activité est envisagée comme un jeu, un amusement, et alors il n'y a pas d'âge pour commencer !"*, dit-il, préconisant, pour les tout-petits, un accompagnement des parents, qui permet un *"partage"*. C'est aussi l'avis de Geneviève Djénati, psychologue et thérapeute familiale : *"Il ne faut surtout pas penser en termes d'apprentissage et de gain de temps, sinon on court à l'échec."*

Qu'en pensent les professionnels ? Serge Cyferstein, directeur du département pédagogie au Conservatoire national supérieur de musique et de danse de Paris (CNSMDP), estime que l'on peut commencer à jouer d'un instrument dès l'âge de 3 ans, à condition que ce soit sous forme ludique, et sous le contrôle de professionnels formés aux méthodes actives telles que Martenot, Willems, Dalcroze.

Ces méthodes, qui portent le nom de leur initiateur, font de l'enfant un acteur, et non un auditeur passif. Il s'imprègne de la musique avec ses sens et non son intellect, allie musique et mouvement, improvise.

A l'association Musique en mouvement, dans le 14ᵉ arrondissement de Paris, où l'on pratique la méthode Willems, des bambins de 3 ans sont ravis de faire tourner des tuyaux harmoniques aussi grands qu'eux : plus ils vont vite, plus le son est aigu. Ils s'amusent à bouger en rythme sur *La Marche de Radetzky*, de Johann Strauss, comme des soldats, sur chaque temps, ou comme des éléphants, tous les deux temps : *"Ils font ainsi des noires et des blanches sans le savoir",* explique leur professeur, Coline Jamet.

"Le problème, c'est que nos méthodes sont peu implantées en France", admet Marie-Alice Charritat, directrice du centre de formation de professeurs Martenot Kleber, à Paris. Elle va ouvrir en septembre une classe pour les enfants de 4 ans. Elle y développera le travail d'*"éveil sensoriel"* qu'elle a théorisé dans une méthode, *Bonjour Madame Musique* (éditions Henry Lemoine, 2003). *"Nous faisons de petits jeux qui permettent de reconnaître les sensations telles que le salé et le sucré, le doux etle rugueux, le dur et le mou, ainsi que l'odeur de trois fleurs,* explique-t-elle. *Nous ne nous*

contentons pas de travailler l'audition, Ainsi, l'enfant peut être capable de s'ouvrir à d'autres arts, comme la danse ou les arts plastiques."

Elle déconseille la pratique d'un instrument avant 4 ans, car *"cela risquerait de dégoûter l'enfant !"*. De leur côté, les professeurs formés à la méthode Dalcroze enseignent surtout dans les conservatoires où les enfants ne sont pas admis avant l'âge de 6 ans.

A l'école Yamaha de Paris-Bercy, le professeur commence le cours en chantant, sur cinq temps, *"bon-jour-aux-pa-rents !"* puis sur deux temps *"bon-jour !"*, tandis que les enfants de 3 ans tapent en rythme dans leurs mains. Ils écoutent un morceau puis frappent sur leurs cuisses quand la musique est lente, et sur l'épaule de la personne qui les accompagne, le plus souvent leur mère, quand elle est rapide. Ils balaient le clavier numérique du grave vers l'aigu, pour imiter les feuilles qui s'envolent.

Gabriel Clauzade, qui a suivi le cours depuis l'âge de 4 ans, sait, à 6 ans, chanter en s'accompagnant au piano des deux mains... Les formateurs Yamaha pensent que l'on peut commencer le piano ou les instruments à cordes dès 3 ans. Pour les instruments à vent, en revanche, il faut attendre l'arrivée des dents définitives, vers 7 ans. *"On peut faire de l'éveil à partir de 4 ans"*, assure Désiré Reynal, formateur au CNSMDP : " *Il faut partir de petites histoires, sur la sorcière qui a une bosse, ou la princesse qui se tient droite et allonge le cou"*, explique-t-il. *"Pour mimer les nuages ou les plumes, on va exécuter un mouvement de manière légère puis pesante, faire ressentir le poids du corps allongé par terre et ou debout, on va descendre tout droit au sol et remonter de différentes façons"*, indique Jeannine Lorca, professeur au Centre de danse du Marais, à Paris.

La loi du 10 juillet 1989, relative au diplôme de danse, stipule que les enfants de 4 à 5 ans ne peuvent pratiquer que les activités d'éveil corporel. Pour l'enseignement de la danse classique, contemporaine et jazz, les enfants de 6 à 7 ans ne peuvent pratiquer qu'une activité d'initiation. *"L'ensemble des activités pratiquées par les enfants de 4 à 7 ans inclus ne peuvent et en aucun cas comporter un travail contraignant pour le corps, des extensions excessives ni des articulations forcées"*, dit la loi. Il y a tant à faire avant ! De nos jours il est important de rappeler que les 6 notes d'une gamme majeure et les cinq progressions. Comment présenter ces notes et quelle est la disposition à prendre pour les joueur sur une guitare.

Les six notes de la gamme de Do majeure

DoM   **Rem**   **Mim**   **FaM**   **SolM**
Lam

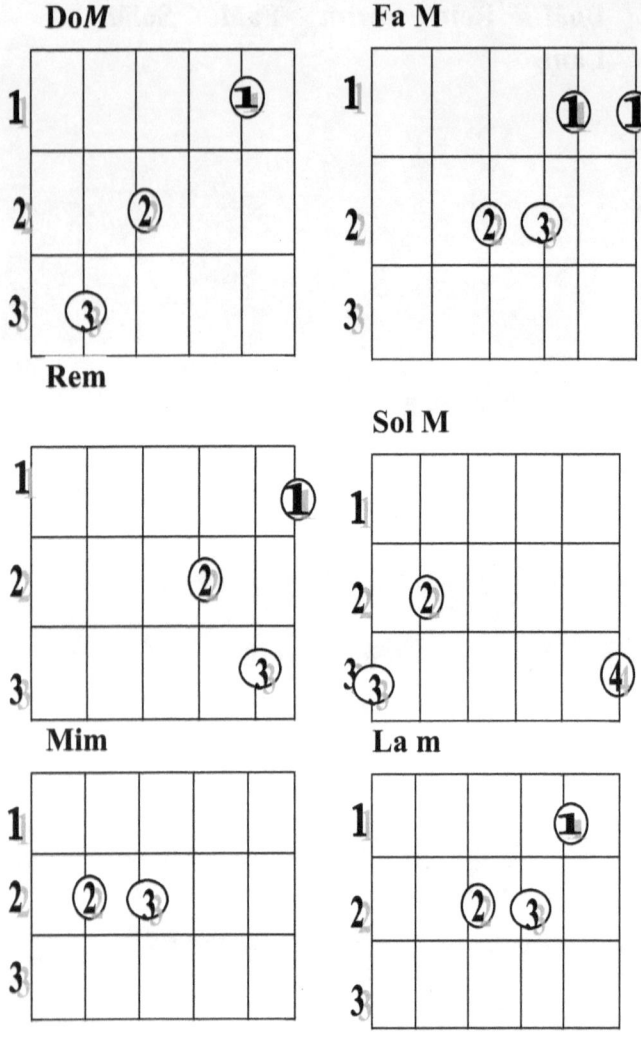

Les 5 progressions de la gamme de **Do Majeure**

      1   2   3   4   5   6

Do M = DoM – Rem – Mim – FaM – SolM – Lam

1) DoM – Lam - Rem – SolM

2) DoM – Lam – FaM – SolM

3) DoM – Mim – FaM – SolM

4) DoM – Rem – FaM – SolM

5) DoM – SolM – Lam - FaM

Les six notes de la gamme de SolM majeure

Sol*M*   La*m*   Si*m*   Do*M*   Re*M* Mi*m*

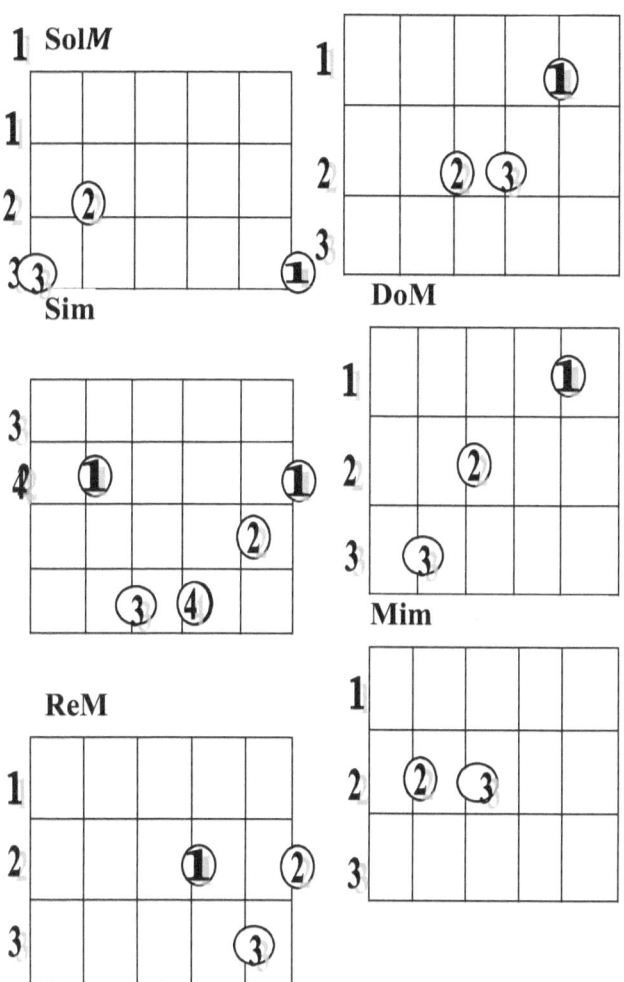

Les 5 progressions de la gamme de

SOL Majeure

1   2   3   4   5   6

Do M = SolM – Lam – Sim – DoM – ReM – Mim

1) SolM – Mim - Lam - Rem –
2) SolM – Mim – DoM - ReM
3) SolM – Sim – DoM – ReM
4) SolM – Lam – DoM - ReM
5) SolM – ReM – Mim – D0M

Les six notes de la gamme de ReM
majeure   Re*M*   Mi*m*   Fa*m*
So*lM*   La*M*   Si*m*

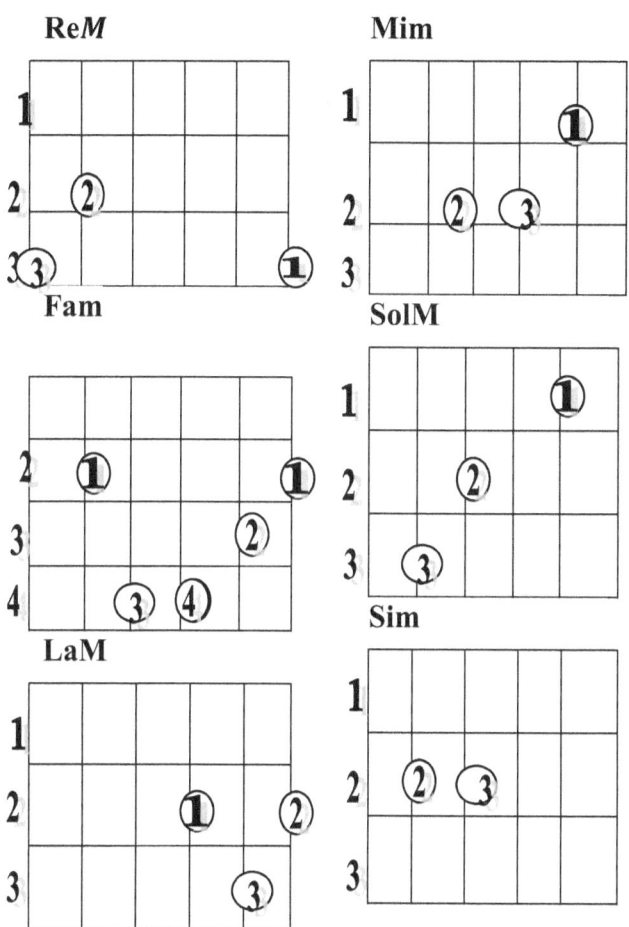

Les six notes de la gamme de ReM majeure

Re*M*   **Mi***m*   **Fa***$^\#$m*   **So***l***M*   **La***M*
Si*m*

1) **ReM**   **Sim**   **Mim**   **LaM**

2) **ReM**   **Sim**   **Sol M**   **ReM**

3) **ReM**   **Fa***$^\#$m*   **SolM**   **Lam**

4) **ReM**   **Mim**   **SolM**   **LaM**

5) **ReM**   **Lam**   **Sim**   **SolM**

Les six notes de la gamme de ReM majeure   **La***M*   **Si***m*   **Do***$^\#$m*
Re*M*   **Mi***M*   **Fa***$^\#$m*

La*M*

Do#m

MiM

ReM

Fa#m

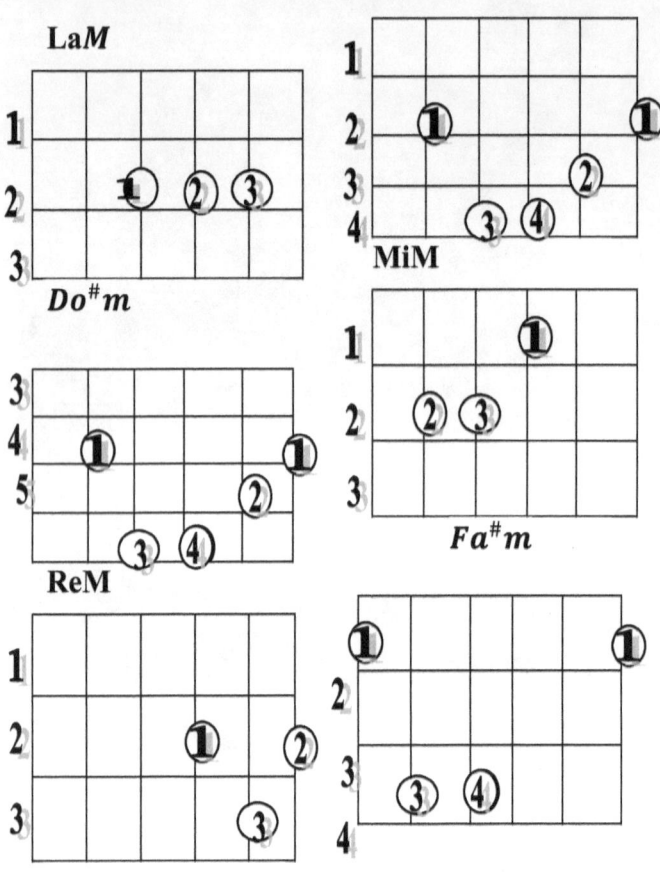

Sim

Les six notes de la gamme de ReM majeure

LaM   Sim $Do^{\#}m$ ReM   MiM
$Fa^{\#}m$

1) LaM - $Fa^{\#}m$ – Sim   –   MiM

2) LaM - $Fa^{\#}m$ - ReM   –   MiM

3) LaM - $Fa^{\#}m$ – ReM   –   MiM

4) LaM - Sim –   ReM –   MiM

5) LaM - MiM   - $Fa^{\#}m$ -   ReM

Les six notes de la gamme de ReM
majeure   Mi*M*   Fa$^\#$*m*   Sol$^\#$*m*
LaM   SiM   Do$^\#$ *m*

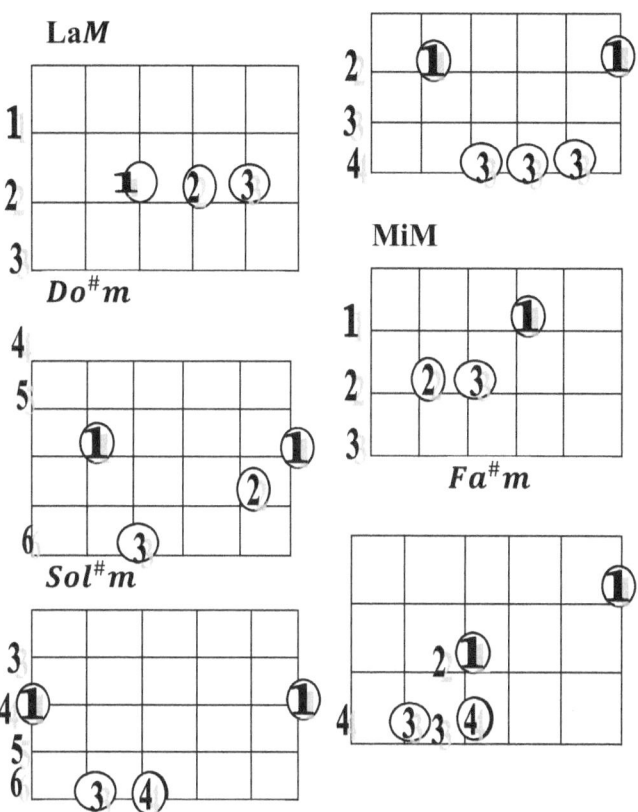

LaM

Do#m

MiM

Fa#m

Sol#m

SiM

Les 5 progressions de la gamme de Mi majeure   Mi*M*   *Fa*#*m*   *Sol*#*m*   LaM   SiM   *Do*# *m*

1)   MiM   *Fa*#*m*   *Do*# *m*   SiM

2)   MIM   *Do*# *m*   LaM   SiM

3)   MiM   *Sol*#*m*   LaM   SiM

4)   MiM   *Fa*#*m*   LaM   SiM

5)   MiM   SiM   *Do*# *m*   LaM

Les six notes de la gamme de Si majeure

SiM $Do^{\#}\,m$ $Re^{\#}m$

MiM $Fa^{\#}M$ $Sol^{\#}m$

LaM

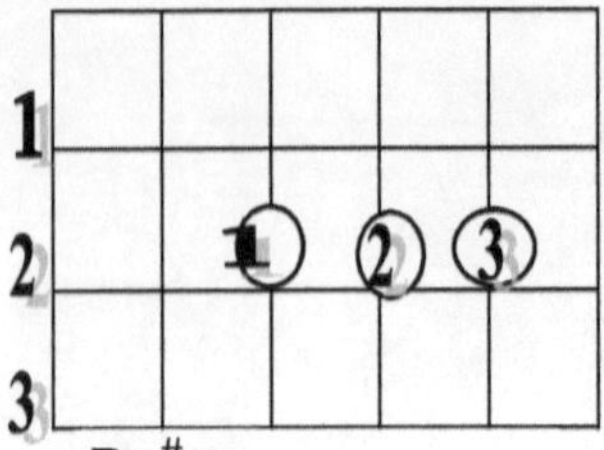

Re#m

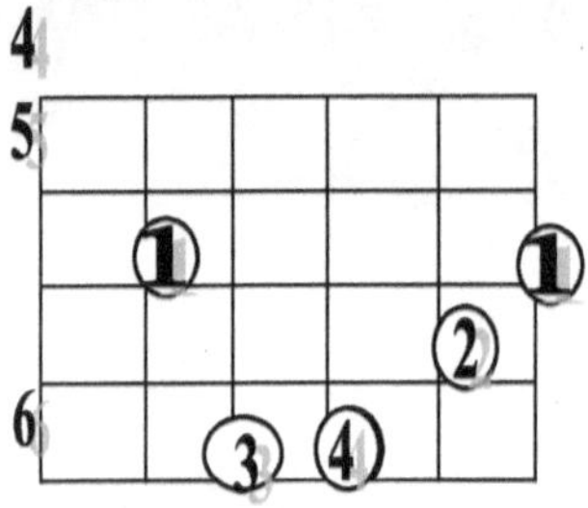

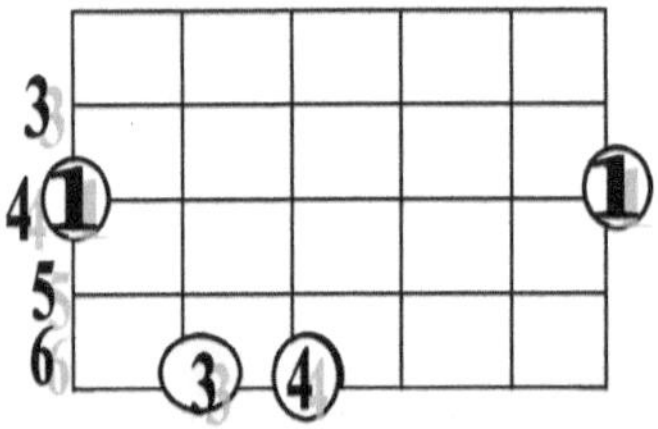

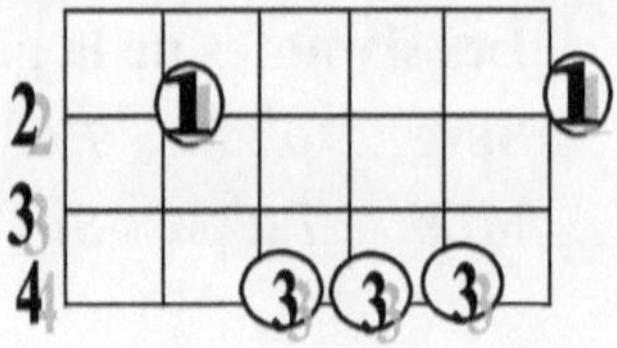

MiM

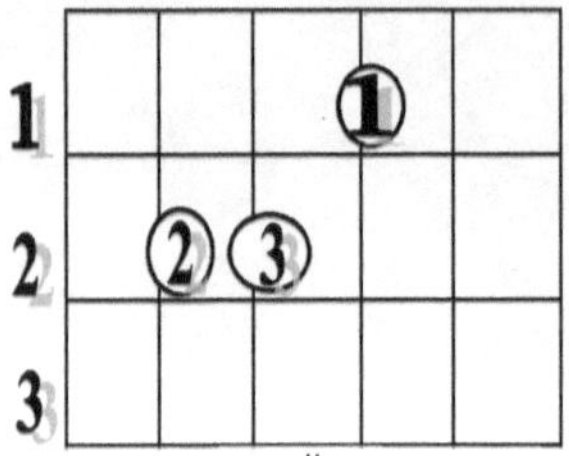

Fa#M

Sol#m

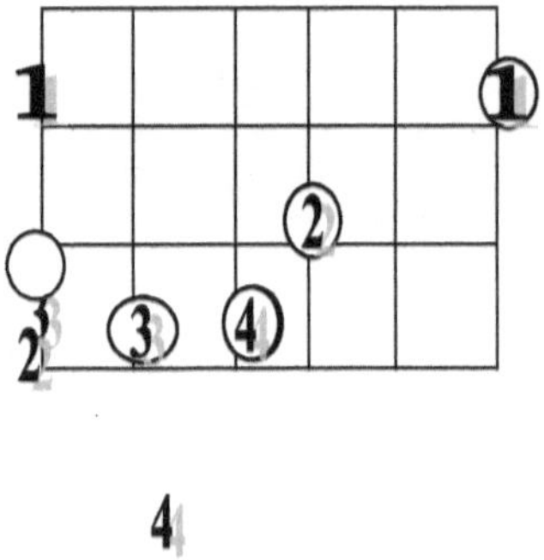

SiM

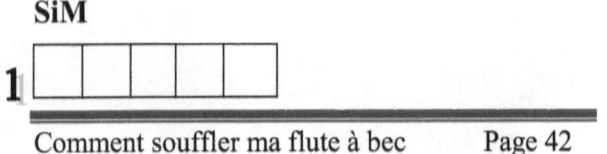

Les 5 progressions de la gamme de Si
majeure   SiM *Do*# *m*   *Re*#*m*
Mi*M*   *Fa*#*M*   *Sol*#*m*

1) SiM - *Sol*#*m* - *Do*# *m* - *Fa*#*M*

2) **SiM** - *Sol*#*m* - MiM - *Fa*#*M*

3) **SiM** - *Re*#*m* - MiM - *Fa*#*M*

4) **SiM**   - *Do*# *m* - MiM   -   -
   Fa#*M*

5) **SiM** - *Fa*#*M* - *Sol*#*m* - MiM

Les six notes de la gamme de
$Fa^\#M$ majeure $Fa^\#M$ $Sol^\#m$
$La^\#m$ SiM $Do^\#m$ $Re^\#m$

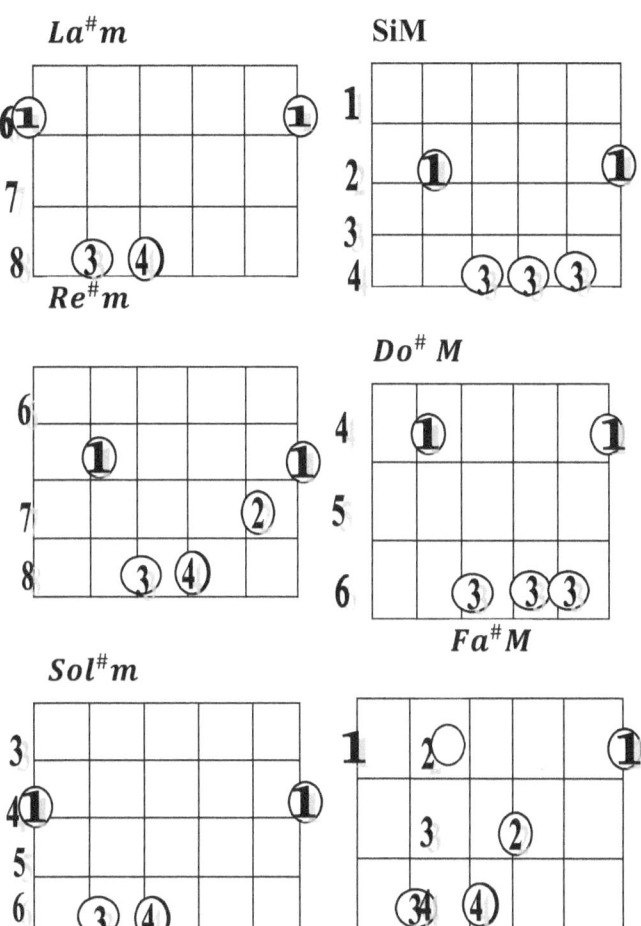

Les 5 progressions de la gamme de
Fa#*M*   **majeure**

 Fa#*M*   *Sol*#*m*   *La*#*m*   SiM   *Do*# *m*
Re#*m*

1) $Fa^\#M$ - $Re^\#m$ - $Sol^\#m$ - $Do^\# m$

2) $Fa^\#M$ - $Re^\#m$ -SiM - $Do^\# m$

3) $Fa^\#M$ - $La^\#m$ - SiM - $Do^\# m$

4) $Fa^\#M$ - $Sol^\#m$ - SiM - $Do^\# m$

5) $Fa^\#M$ - $Do^\# m$ - $Re^\#m$ SiM

Les six notes de la gamme de
Do# *M*   majeure   *Do*# *M*   *Re*#*m*
Fam *Fa*#*M* *Sol*#*M* *La*#*m*

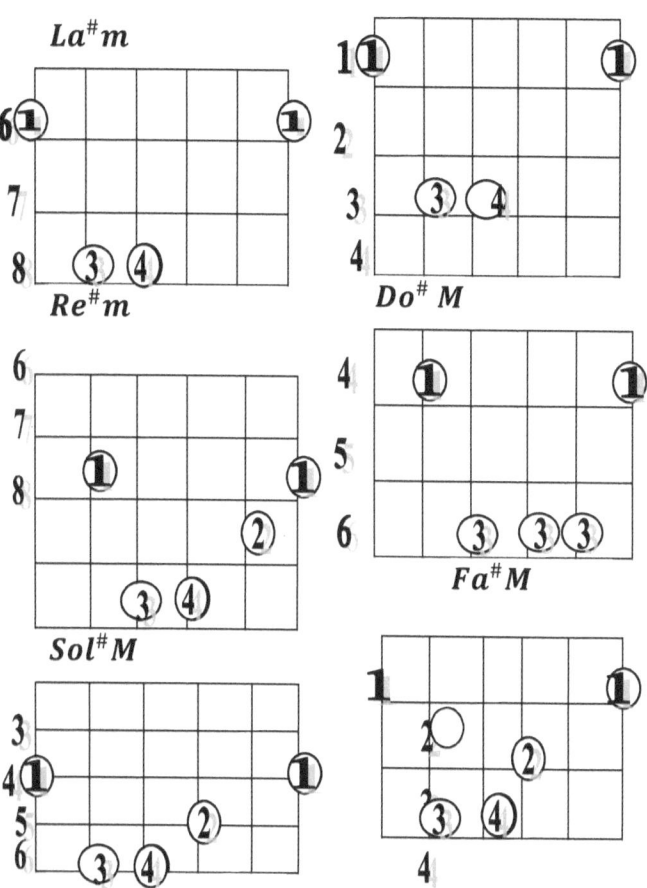

Fam

Les 5 progressions de la gamme de Do# M   majeure

Do# M Re#m Fam Fa#M Sol#M
La#m

1) Do# M   La#m   Re#m   Sol#M

2) Do# M   La#m   Fa#M   Sol#M

3) Do# M   Fam   Fa#M   Sol#M

4) Do# M   Re#m   Fa#M   Sol#M

5) Do# M   Sol#M La#m   Fa#M

Les six notes de la gamme de
Sol#M **majeure**

Sol#M *La#m* **Dom** *Do# M* *Re#M* **Fam**

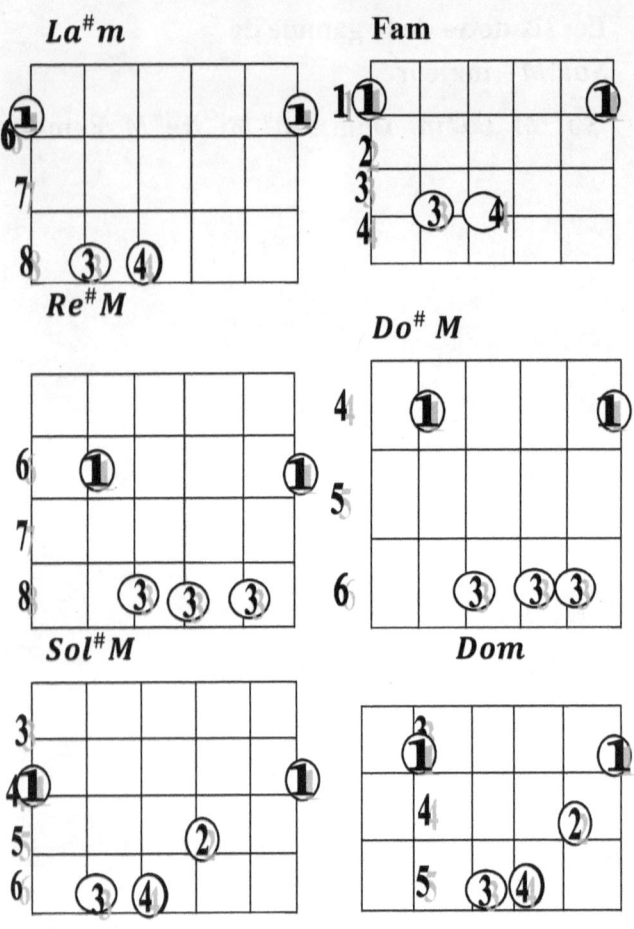

Les 5 progressions de la gamme de
Sol#M majeure

 Sol#M La#m Dom _Do# M Re#M_
Fam

   1) _Sol#M_   Fam   _La#m_   _Re#M_

   2) _Sol#M_ Fam   _Do# M_ _Re#M_

   3) _Sol#M_ Dom   _Do# M_ _Re#M_

   4) _Sol#M_ _La#m_ _Do# M_ _Re#M_

   5) _Sol#M_ _Re#M_ Fam   _Do# M_

Les six notes de la gamme de
Re#M **majeure**

Re#M Fam Solm *Sol#M* *La#M* Dom

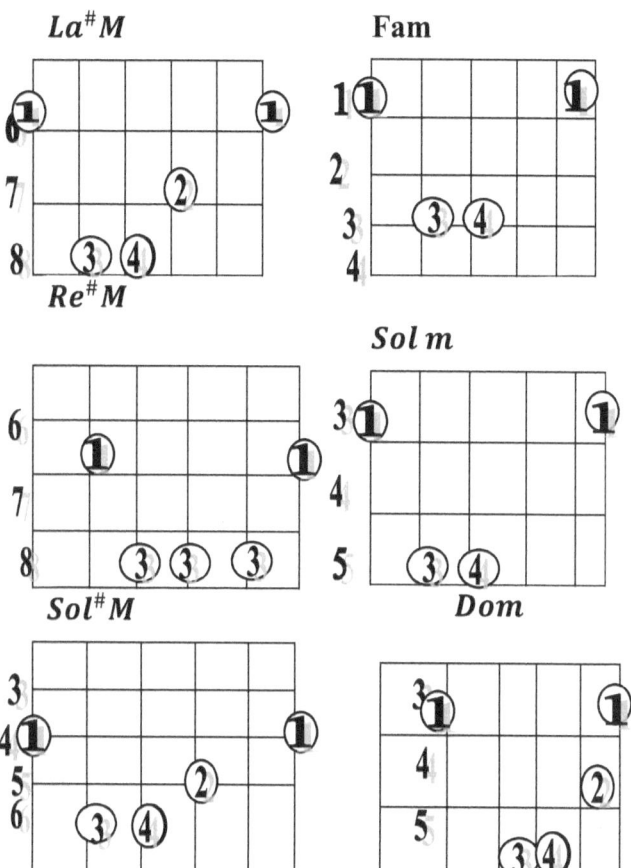

Les 5 progressions de la gamme de
***Re*#M majeure**

***Re*#M Fam Solm *Sol*#M *La*#M Dom**

1) ***Re*#M**   Dom   Fam
    ***La*#M**

2) ***Re*#M**   Dom   ***Sol*#M**
    ***La*#M**

3) ***Re*#M**   Solm
    ***Sol*#M**   ***La*#M**

4) ***Re*#M**   Fam
    ***Sol*#M**   ***La*#M**

5) ***Re*#M**   ***La*#M** Dom
    ***Sol*#M**

Les six notes de la gamme de $La^\#M$ majeure

$La^\#M$ **Dom**   **Rem** $Re^\#M$ **Fam** **Solm**

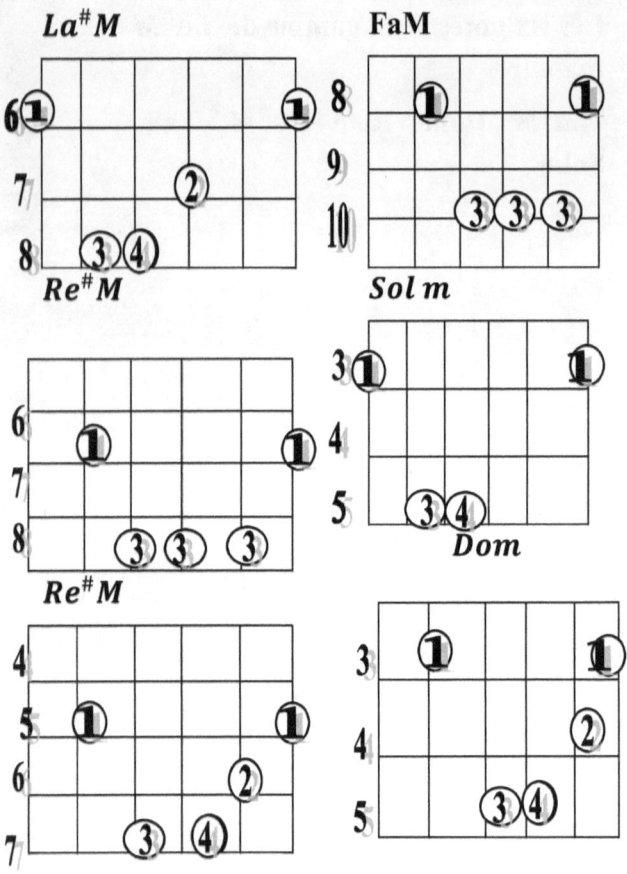

Les 5 progressions de la gamme de $La^\# M$

$La^\# M$ **Dom**   **Rem** $Re^\# M$ **Fam**
Solm

1) *La#M*   Solm   Dom   Fam

2) *La#M*   Solm   *Re#M*   Fam

3) *La#M*   Rem   *Re#M*   Fam

4) *La#M*   Dom   *Re#M*   Fam

5) *La#M*   Fam   Solm
    Re#M

Les six notes de la gamme de Fa M

Fa M Solm Lam $Si^b M$ DoM Rem

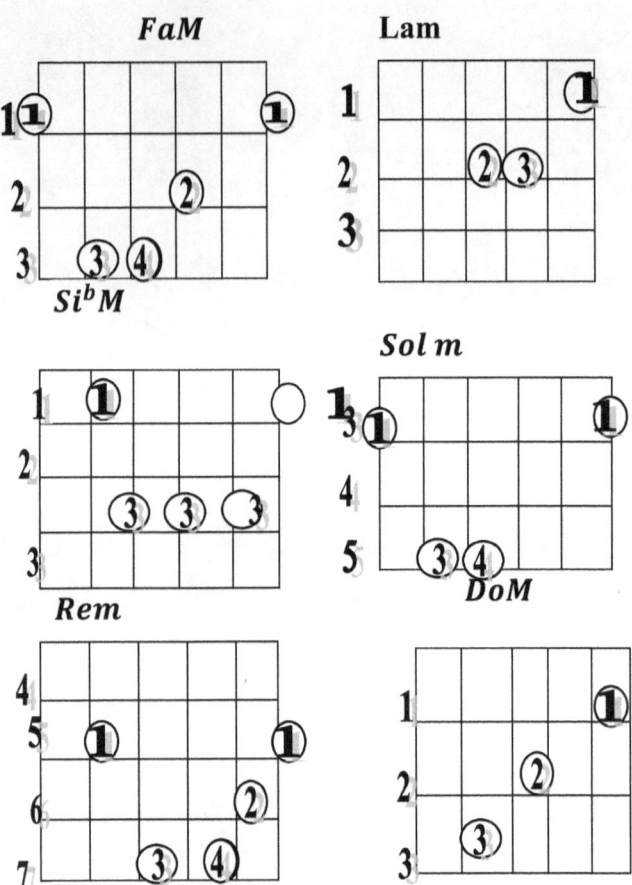

Les six notes de la gamme de Fa M

Fa M Solm   Lam Si^bM DoM   Rem

1) Fa M   Rem   Solm   DoM

2) Fa M   Rem Si^bM DoM

3) Fa M   Lam Si^bM DoM

4) Fa M   Solm Si^bM DoM

5) Fa M   DoM   Rem
    Si^bM

Cette série fait l'objet d'une étude très appropriée sur la musique avec cet instrument à six cordes de son nom Guitare. Cette leçon vous permettra de jouer chaque gamme suivie de cinq progressions chacune. Il n'y a pas de plus important et amusant de jouer à la guitare et seulement les personnes dévouées pourront finir par jouer car un instrument demande beaucoup de sacrifice. Certains musiciens ont eu le mérite de recevoir des prix exceptionnels par rapport à leur engouement de jouer même dans leur sommeil. Un tel acte à partir duquel la musique atteint le seuil de sa rentabilité dans le monde de l'art.

En effet, ce livre vous servira de guide permanent à l'étude des cases de la guitare, de chaque partie des notes et leur temps de mesure sur une portée.

Pour cela je vous présente la flute à bec qui est un instrument à vent de la famille des bois. Comme nombre d'autres instruments, cette flûte se décline en plusieurs tailles. La nomenclature moderne comprend dans l'ordre décroissant (du plus aigu au plus grave) :exilent,

sopranino, soprano, alto, ténor, basse, la grande-basse, contrebasse et soubasse. Cette nomenclature est loin de refléter la variété des différents accords qui ont été utilisés au cours

des siècles et illustre plutôt la conception moderne de l'ensemble de flûte, assez éloignée des ensembles

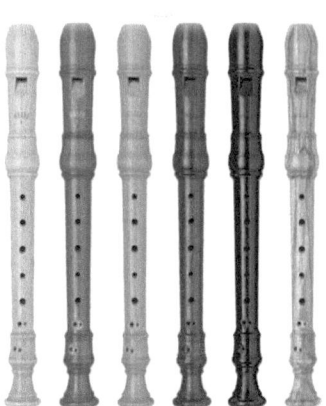

La flûte à bec (aussi appelée « flûte douce », « flûte d'Angleterre » ou « flûte droite ») est un instrument qui comporte huit trous de jeu, dont un manipulé

par le pouce pour permettre l'émission des octaves aigües. Cet instrument apparaît incontestablement dans cette forme particulière à partir du xive siècle ; il en subsiste quelques vestiges : flûte de Dordrecht, fragment de Würzburg, flûte de Göttingen et flûte de Tartu. On peut supposer que cet instrument existait auparavant, mais aucune preuve tangible n'a encore pu étayer cette hypothèse. À cette époque, l'instrument comptait neuf trous de jeu (d'où son appellation de « flûte à neuf trous »), mais le nombre utile n'était en réalité que de huit, car on devait choisir entre les deux trous percés de chaque côté au bas de l'instrument afin de laisser le choix entre une tenue de droitier ou de gaucher et le trou inutile était bouché à la cire. C'est cet instrument qui sera décliné en plusieurs tailles à la fin du xve siècle jusqu'à former une famille étendue et homogène à partir du xvie siècle et que l'on désigne ordinairement par le vocable d'origine anglaise « Consort ».

Il existe toutefois des instruments « à bec »
ou « à bloc » qui ne fonctionnent pas selon
le même mode organologique :

Technique d'articulation

La principale caractéristique de l'instrument
est l'expressivité liée à une technique très
variée et subtile de l'articulation. La faible
pression de la colonne (malgré un débit
important) fait que la moindre différence
dans la prononciation des syllabes
articulatoires est immédiatement perceptible.
C'est une force mais aussi une très grande
difficulté, car cela demande beaucoup de
maîtrise. Les syllabes utilisées (déjà décrites
dans les traités italiens du xvie siècle) sont
T, D, R, L, K, G. Comme la technique
d'archet d'un violoniste, le flûtiste doit savoir
non seulement maîtriser la qualité de
l'émission, mais aussi la succession des
consonnes pour mettre en relief le rythme ou
la particularité mélodique d'une phrase
musicale. Ces articulations, présentes chez
d'autres instruments jusqu'au début
du xviiie siècle, sont tombées en désuétude à
cette époque où l'on jugeait, notamment

pour la flûte traversière, qu'elles gênaient la pureté d'émission du son.

Technique digitale

La manipulation de l'instrument demande une bonne coordination. Si la technique ne demande pas de force ou de masse musculaire spécialement entraînée pour l'effort, il n'en demeure pas moins que la variété et la complexité de certains enchaînements (doigtés à fourche nombreux) rendent cet instrument assez difficile pour un vocabulaire musical moderne. Elle ne possède pas la "facilité" des systèmes de clés qui permettent l'ouverture et la fermeture simultanées de plusieurs trous par l'action d'une simple clé et sa manipulation peut rapidement devenir complexe.

Exemple de doigtés "baroques" pour la première octave d'une flûte à bec en Ut :

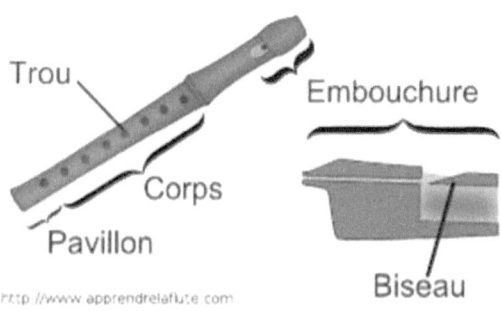

Trou

Embouchure

Corps

Pavillon

Biseau

http://www.apprendrelaflute.com

do : tous les doigts

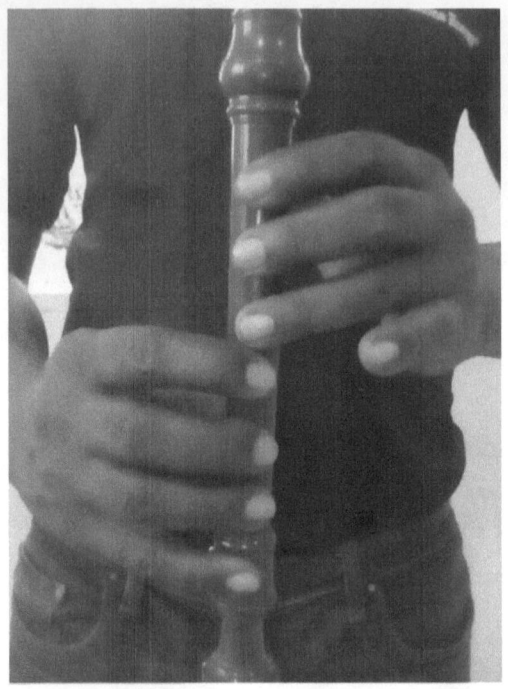

ré : tous les doigts sauf l'auriculaire droit

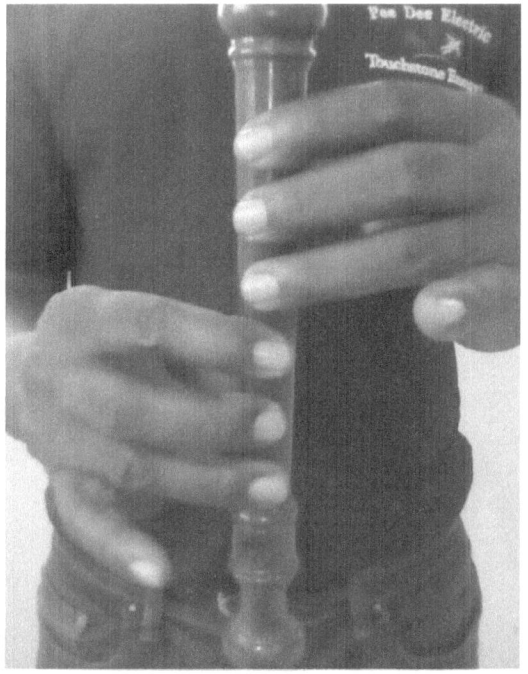

mi : auriculaire et annulaire levés

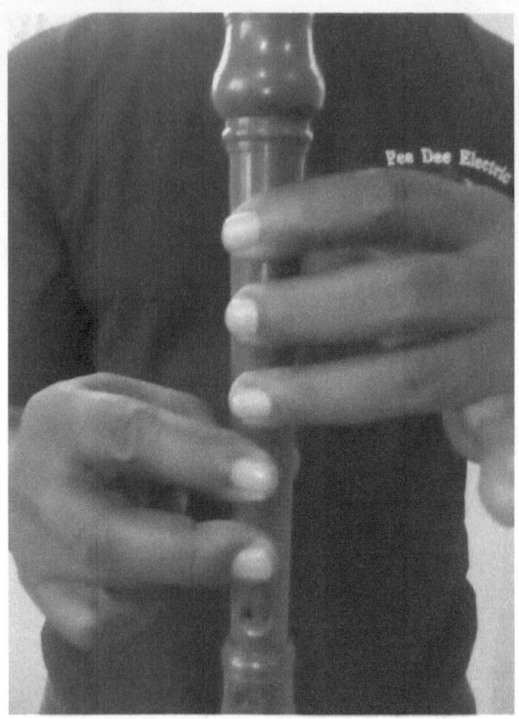

fa : tous les doigts sauf le majeur droit

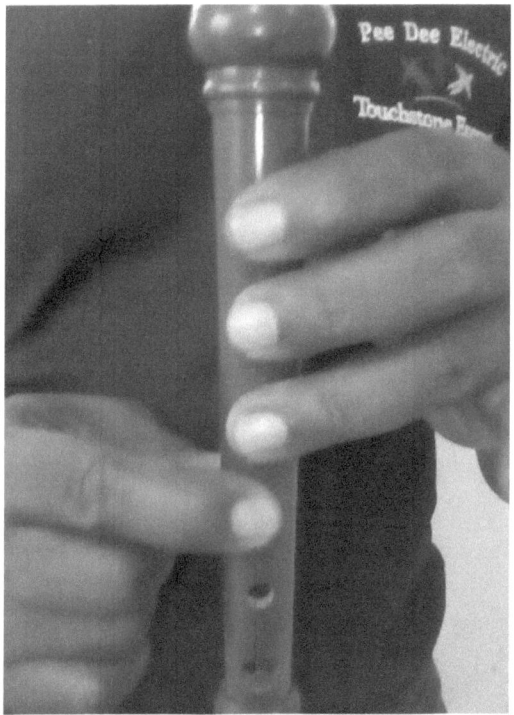

sol : il n'y a que la main gauche qui bouche
les trous (du haut)

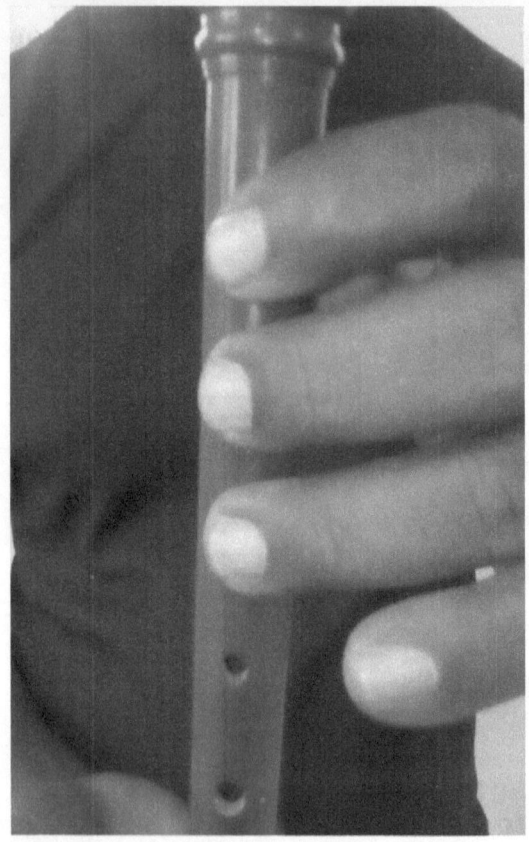

la : pouce et trous bouchés par l'index et le majeur gauche

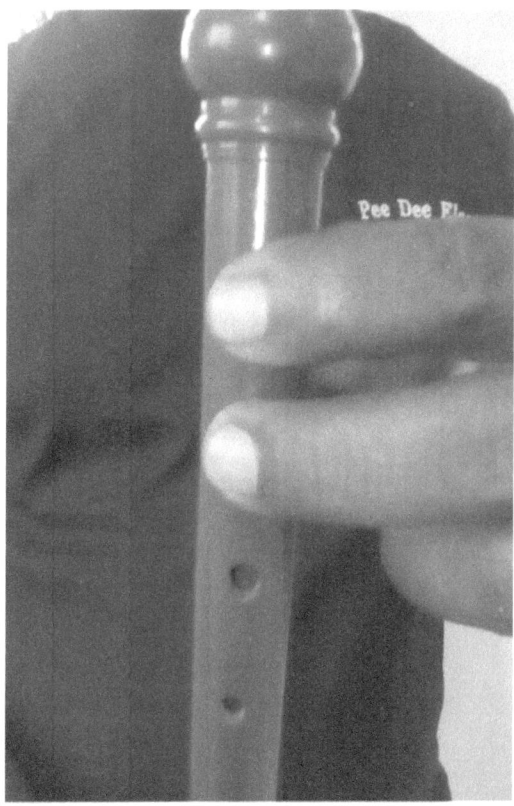

si : pouce et trou bouché par l'index gauche

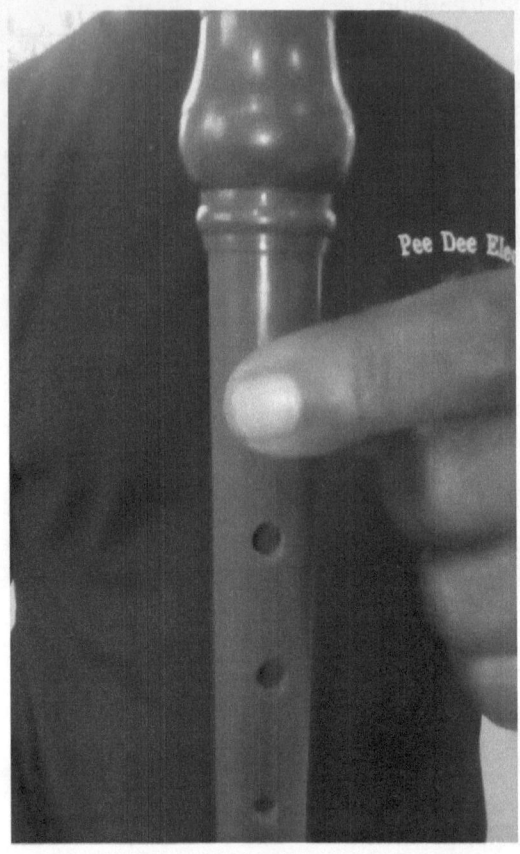

Technique de souffle

Une des difficultés majeures est aussi de réussir à contourner l'apparente rigidité de son intonation. En effet, par la seule force du vent, on peut obtenir plus d'un demi-ton de variation pour un même doigté. Maîtriser cet aspect technique demande donc beaucoup de savoir-faire et de subtilité pour obtenir l'intonation adéquate et la qualité de timbre désirée. Le flûtiste arrive à ses fins par le contrôle de son souffle, l'utilisation de doigtés de substitution, le couvrement ou le découvrement partiel de trous de jeu et la forme des lèvres parfois alliée à divers degrés de fermeture de la gorge. L'ensemble ne peut s'acquérir que par un travail technique approfondi, et grâce à une oreille vigilante et infaillible. La respiration continue est aussi une technique pratiquée chez les instrumentistes à vent. Celle-ci consiste à inspirer par le nez pendant l'expiration de l'air emmagasiné dans les joues. On l'emploie dans des segments de virtuosité et l'effet sonore donne l'impression que l'instrumentiste ne respire jamais.

Instrument a) Connaître la flûte à bec aux doigtés baroques (« barocke Griffweise »), son fonctionnement et son entretien b) Reconnaître les différents instruments de la famille de la flûte à bec : sopranino, soprano, alto, ténor, basse c) Savoir distinguer les doigtés des flûtes en ut et en fa 2. Flûtes en ut et en fa a) Savoir jouer les flûtes en ut et en fa b) Savoir adapter la respiration de la flûte soprano à la flûte alto (ou sopranino) c) Acquérir une flexibilité de changement entre les flûtes en ut et en fa 3. Corps a) Montrer une tenue convenable du corps, debout et assis b) Montrer un bon équilibre corps et instrument favorisant une bonne respiration et une bonne disponibilité motrice (tête, nuque, épaules, bras, mains et doigts détendus) 4. Technique du pouce a) Assimilation d'une technique de base b) Adaptation aux différents modèles d'instruments 5. Respiration a) Respiration abdominale b) Conscience de la « soufflerie » par exercices du diaphragme 6. Articulations a) Distinguer les articulations de base (d,t) b) Savoir réaliser staccato, portato, legato, accents c) Structurer le son (début, tenue et fin du son) d) Analyser, comprendre et interpréter une phrase musicale simple 5 Division inférieure 1er cycle - version avril 2013 7. Sonorité a) Sensibilité pour la sonorité de l'instrument (« Klangvorstellung ») b) Oreille fine pour l'intonation et la justesse 8. Etendue a) Soprano : 1 et ½ - 2 octaves b) Alto : 1 et ½ - 2 octaves c) Alto : doigtés et lecture des notes aigues selon la capacité de l'élève 9. Ornements a) Connaître les ornements élémentaires (mordants ascendant et descendant, trilles) b) Savoir appliquer les ornements élémentaires (doigtés simples) 10. Autonomie de travail et de perfectionnement a) Méthode de préparation, de mise au point d'une pièce musicale ou étude de niveau approprié b) Travail indépendant à domicile. Jeu en groupe, jeu d'ensemble a) Lecture et déchiffrage de partition b) Première approche des flûtes ténor et basse 6 Division inférieure 1er cycle - • 2 morceaux au choix pour deux flûtes différentes (soprano et alto) •

La flute à bec est un instrument en bois, de la catégorie des instruments à vent. Elle fut très populaire au XIVe siècle. Sa sonorité est douce, comme celle d'une flute en bois. La flute à bec est facile à jouer comparée à d'autres instruments, cela en fait un bon instrument pour les enfants. Vous avez envie d'apprendre à jouer de la flute à bec ? Voici comment faire

Entrainez-vous à jouer les notes aigües. Ces notes peuvent s'avérer un peu compliquées à jouer. Pour jouer les notes au-dessus du RÉ, vous devez employer une technique particulière « pinch the thumb hole ». Bouchez les 2/3 ou les 3/4 de l'orifice inférieur du pouce en utilisant l'extrémité de votre pouce gauche. Resserrez les lèvres un petit peu et soufflez un peu plus fort qu'à l'accoutumée.

2

Apprenez les demi-tons. Un demi-ton est l'espace entre une note et la note juste après

(DO - DO#, MI - MIb, FA - FA#). Entre le FA et le SOL, il y a 1 ton (1 demi-ton + 1 demi-ton). Entre le FA et le FA#, il y a 1 demi-ton. Entre le FA# et le SOL, il y a 1 demi-ton. Nous allons maintenant voir les notes SIb et DO#.

Le tableau de doigté pour un SIb est : 0 1 - 3 4 - - -

Le tableau de doigté pour un DO# est : - 1 2 - - - - -

Vous pouvez travailler ces notes en jouant le début d'un morceau de Ludwig Van Beethoven, « Lettre à Élise » :

RÉ DO# RÉ DO# RÉ LA DO SIb SOL

3

Apprenez le vibrato. Une fois que vous vous sentez à l'aise avec les notes, vous pouvez travailler la technique du vibrato. Le vibrato va apporter de la modulation au son, il rendra les notes longues plus agréables à écouter. Il y a plusieurs façons d'obtenir un vibrato.

La technique du vibrato créé à partir du diaphragme. Contrôlez le flux d'air que vous envoyez dans la flute en serrant et contractant votre diaphragme. Dites « hé hé hé », mais ne coupez pas complètement le flux d'air.

La technique du vibrato contrôlé par la langue. Dites « hier, hier, hier, hier, hier, hier » en utilisant votre langue pour contrôler le flux d'air.

La technique du vibrato contrôlé par les doigts. Bien que pas très pratique pour un long vibrato, cette méthode est souvent appelée un trille. Jouez une note et la suivante alternativement et très vite en expirant normalement, comme pour une seule note. N'utilisez pas la langue, simplement expirez régulièrement et jouez très vite LA SI LA SI LA SI LA SI...

4

Apprenez le glissando. Les glissandos sont créés en bouchant ou découvrant les trous successivement et très vite (comme une gamme jouée extrêmement rapidement), cela produit une sonorité « glissante ».

Méthode4

Entretien de la flute à bec

1

Nettoyez votre flute à bec après chaque utilisation. Il est important de conserver votre instrument propre pour des raisons d'hygiène et pour que la flute ne se détériore pas.

Les flutes en plastique peuvent se laver dans un lavabo avec de l'eau tiède et du savon ou dans une machine à laver la vaisselle. Si c'est une flute en plusieurs parties, séparez-les avant de les laver et rincez bien pour qu'il ne reste plus de savon.

Le bec peut se nettoyer avec une vieille brosse à dents ou un « écouvillon ». Souvent la flute à bec est vendue avec un kit de nettoyage. Sinon vous pouvez vous en procurer un dans un magasin d'instruments de musique.

Laissez la flute sécher complètement avant d'en jouer.

Pour les flutes en bois, séparez les parties et nettoyez consciencieusement l'intérieur avec un morceau de tissu et un bâtonnet ou un « écouvillon », afin de retirer complètement la salive et l'humidité.

2

Rangez votre flute dans un étui. Quand vous ne l'utilisez pas, rangez votre flute à bec dans son étui afin de ne pas l'abimer ou l'ébrécher. Si vous l'endommagez, la flute pourrait devenir inutilisable.

3

Protégez votre flute à bec des températures extrêmes. Protégez votre flute des changements brusques de température et ne l'exposez pas à la lumière directe du soleil. Ne la laissez pas non plus dans une voiture au soleil ou près d'une source de chaleur. Les instruments de musique sont sensibles aux changements de température. C'est particulièrement vrai pour une flute en bois et tout instrument de musique en bois.

4

Apprenez à déboucher votre flute à bec. La condensation et l'humidité peuvent gêner le passage de l'air dans votre flute à bec. Vous pouvez arranger cela (que ce soit pour les flutes en plastique ou les flutes en bois), en réchauffant le bec dans vos mains, sous votre bras ou dans votre poche avant de jouer.

Si de la salive s'est accumulée à l'intérieur du bec de la flute, bouchez le dessus avec une main et soufflez très fort ou faites passer un morceau de tissu à l'aide d'un petit bâton pour sécher l'intérieur ou utilisez un écouvillon.

Si la flute est toujours bouchée, vous pouvez nettoyer l'intérieur avec un mélange de 3 cuillères à soupe d'eau et une cuillère à soupe de détergent non parfumé pour lave-vaisselle. Versez ce mélange dans le bec de la flute et laissez-le agir quelques minutes avant de le retirer. Laissez sécher votre flute complètement avant d'en jouer de nouveau.

Conseils

Si vous aimez la musique et souhaitez vous perfectionner dans la pratique d'un instrument, il est recommandé de suivre des cours. Même si vous ne continuez pas, ce sera utile pour enrichir votre culture générale et vous passerez de bons moments.

Si vous n'obtenez pas de bonnes sonorités, vous soufflez peut-être trop fort ou vous avez une mauvaise position de lèvres ou encore, vous n'obturez pas convenablement les trous avec vos doigts. Si vous continuez à produire des « couacs » plutôt que des notes, travaillez bien votre souffle en essayant plus fort ou moins fort et en faisant attention à bien souffler lentement et régulièrement, jusqu'à obtenir le son voulu.

Les trois premières notes que vous avez apprises sont SI LA SOL.

Si vous n'obtenez pas une bonne sonorité, l'intérieur de la flute est peut-être trop humide. Bouchez la sortie d'air au bout de la flute avec la paume de votre main gauche et soufflez très fort à l'autre bout, nettoyez l'intérieur avec un morceau de tissu.

Pour produire une bonne sonorité, tenez votre dos bien droit.

Écoutez des CD's de musique de la Renaissance et prêtez l'oreille aux sonorités des flutes, on employait beaucoup la flute à bec à cette époque.

Resserrez un peu les lèvres pour jouer des notes aigües et relâchez-les pour les notes graves.

En jouant de la clarinette, vous améliorerez votre technique de flute à bec et si vous jouez de la flute à bec, la clarinette est un bon choix pour jouer d'un second instrument, ces deux instruments se tiennent et se jouent de la même façon et le doigté est semblable.

Avertissements

Ne mordez pas le bec de votre flute. En faisant cela, vous allez endommager gravement votre flute.

Comment jouer le morceau

1

Commencez par apprendre les notes. Vous n'avez que trois notes à mémoriser : le « SI », le « LA » et le « SOL ». Entrainez-vous à jouer chacune d'entre elles avant de passer à l'intégralité du morceau.

Pour jouer le SI. Il s'agit de la première note que la plupart des gens apprennent lorsqu'ils se mettent à la flûte à bec. C'est aussi l'une des plus faciles à jouer. Avec votre pouce gauche, bouchez le trou à l'arrière de la flûte. À présent, placez l'index de votre main gauche sur le premier trou de la partie supérieure de la flûte (le trou le plus proche de votre bouche). Assurez-vous de bien couvrir ces deux trous avec vos doigts.

Pour jouer le LA. Comme pour le SI, utilisez votre pouce gauche pour boucher le trou à l'arrière de la flûte et placez l'index de votre main gauche sur le premier trou de la partie supérieure de la flûte. Pour jouer le LA, il vous suffit d'ajouter à cela le majeur de votre main gauche et de le placer sur le deuxième trou de la partie supérieure de la flûte.

Pour jouer le SOL. Même technique que pour jouer le LA, si ce n'est qu'il vous faudra également placer l'annulaire de votre main gauche pour boucher le troisième trou de la partie supérieure de la flûte.

2

Commencez à jouer. Maintenant que vous maîtrisez le « SI », le « LA » et le « SOL », vous pouvez passer à l'étape suivante et commencer à jouer « Mary Had a Little Lamb ». En voici les notes :

SI LA SOL LA

SI SI SI -

LA LA LA -

SI SI SI -

SI LA SOL LA

SI SI SI

LA LA SI LA

SOL - - -

À noter : le tiret (-) indique que la note doit être maintenue un temps supplémentaire et sans variation.

3

Entrainez-vous. À présent que vous connaissez les notes, il ne vous reste plus qu'à vous exercer !

Commencez par jouer lentement - le plus important est que les notes sonnent juste. La vitesse viendra avec le temps.

Une fois que vous maîtriserez « Mary Had a Little Lamb », vous pourrez passer à d'autres morceaux tout aussi simples comme « Hot Cross Buns », « Gently Sleep » ou encore « Ô douce nuit ».

Partie2

Perfectionnez votre technique

1

La tenue de la flûte. Posez le bec de la flûte entre vos lèvres et sans forcer, exercez-vous à placer votre pouce et vos doigts afin de trouver un juste équilibre.

Les doigts de votre main gauche doivent se situer à l'extrémité la plus proche du bec alors que ceux de votre main droite à l'autre.

Vos dents ne doivent pas toucher le bec de la flûte.

2

Entrainez-vous à souffler dans votre flûte à bec. Gardez à l'esprit que la force avec laquelle vous allez souffler aura une incidence directe sur le son émis.

En soufflant trop fort, vous produirez une sonorité aigüe, désagréable. Pour un rendu mélodieux, soufflez doucement, comme si vous souffliez pour faire des bulles de savon.

Essayez de respirer de façon régulière et douce, comme si vous souhaitiez faire des bulles de savon !

Respirez en employant le diaphragme. L'air doit s'écouler doucement depuis votre bouche vers la flûte pour générer une sonorité constante. Cela vous permettra également de tenir vos notes plus longtemps. Une bonne posture suppose de vous tenir assis(e), bien droit(e), les épaules en arrière.

3

Apprenez la technique du « coup de langue ». Lorsque vous jouez une note, imaginez que vous prononcez la lettre « T » en soufflant.

En imaginant prononcer la lettre « T », votre langue se placera contre votre palais. On appelle cette technique le « coup de langue ». Elle sert à stopper les notes de manière précise.

Faites attention à ne pas prononcer le « T » lorsque vous jouez. Penser au « T » doit uniquement vous servir à appliquer la technique du « coup de langue ». Pour résumer : en pensant au « T », votre langue se placera contre votre palais et stoppera net la note jouée.

4

Prenez soin de votre flûte. La durée de vie d'une flûte à bec varie en fonction des soins qui lui sont apportés.

Pour nettoyer votre flûte, vous pouvez utiliser un chiffon légèrement imprégné d'eau savonneuse ainsi qu'une vieille brosse à dents pour frotter le bec. Veillez à bien laisser sécher votre flûte avant toute nouvelle utilisation.

Rangez votre flûte à bec dans un étui pour ne pas l'abîmer.

Veillez à ne pas exposer votre flûte à de trop fortes variations de température. Évitez également de la laisser, par exemple, au soleil dans une voiture ou encore près d'un radiateur.

Conseils

Soufflez doucement

Gardez votre flûte droite et pointée vers le bas.

Pour en savoir plus sur la façon de jouer de la flûte, consultez

Vos premières notes à la flûte à bec

Voici vos premières notes à la flûtes à

bec, il s'agit de pouvoir enchainer ces 4

petits exercices, rassurez-vous cela sera

le seul exercice un peu fastidieux au

début de votre apprentissage.

Pour chaque exercices se trouvent:

- Le nom des notes

- La partition de flûte

- Les doigtés des notes

- Un extrait sonore

Votre toute première note : le SOL

Voici comment joueur un sol sur une

flûte à bec:

- Le pouce de la main gauche bouche le

trou au dos de la flûte.

- Les 3 premiers doigts de la main

gauche bouchent chacun un trou.

- Tous les autres doigts ne bouchent

aucun trou.

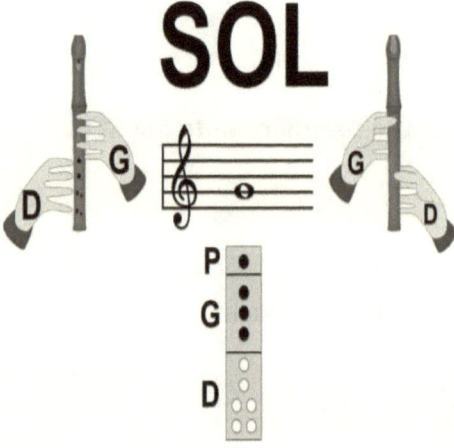

et voici ce que l'on doit entendre:

Votre deuxième note : le LA

Voici comment joueur un la sur une flûte à bec:

- Le pouce de la main gauche bouche le trou au dos de la flûte.

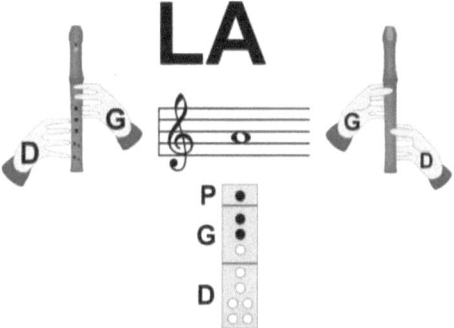

- Les 2 premiers doigts de la main gauche bouchent chacun un trou.

- Tous les autres doigts ne bouchent aucun trou.

Voici en image:

Votre troisième note : le SI

Voici comment joueur un si sur une

flûte à bec:

- Le pouce de la main gauche bouche le

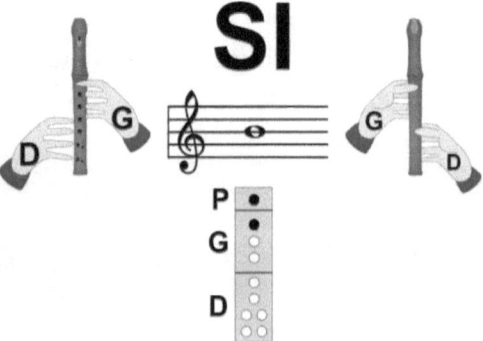

trou au dos de la flûte.

- Le premier doigt de la main gauche

bouchent le premier trou.

- Tous les autres doigts ne bouchent

aucun trou.

Notions de solfège:

- La portée est constituée de 5 lignes, la

ligne n°1 étant celle du bas

- la clef de sol indique la position du

sol

- La note sol est placée sur la deuxième

ligne (en partant du bas)

Exercice 1 : sol la si la sol

Enchainez les notes suivantes comme dans l'extrait sonore : sol la si la sol

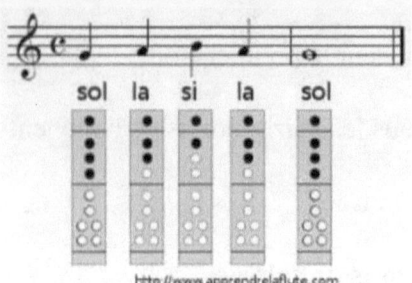

Ce sont les notes les plus simples de la flûte à bec, tant au niveau des doigtés que de la tessiture (hauteur des notes)

Notions de solfège:

- ordre des notes: do ré mi fa sol la si do (ordre en montant la gamme)

- Lorsqu'une note est sur une

ligne alors la suivante et la précédente

sont dans un interligne

- Lorsqu'une note est dans un

interligne alors la suivante et la

précédente sont sur une ligne

- Une noire vaut un temps (une

pulsation)

- Une ronde vaut 4 temps (4 pulsations)

La noire		1 temps (1 pulsation)
La ronde		4 temps (4 pulsations)

Exercice 2 : do ré mi ré do (grave)

Enchainez les notes suivantes comme dans l'extrait sonore : do ré mi ré do

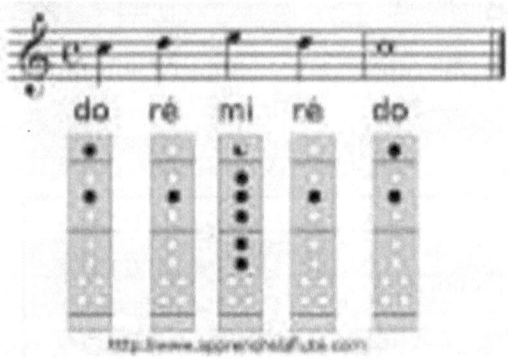

Avec ces notes nous somme dans le

grave de la flûte, il n'est pas évident de

sortir ces notes mais vous devriez y

arriver.

Notions de solfège:

- Lorsqu'il n'y a plus de ligne pour

écrire les notes alors on en rajoute

comme pour le do ci dessous par

exemple:

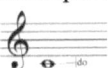

Exercice 3 : do ré mi ré do (aigu)

Enchainez les notes suivantes comme dans l'extrait sonore : do ré mi ré do

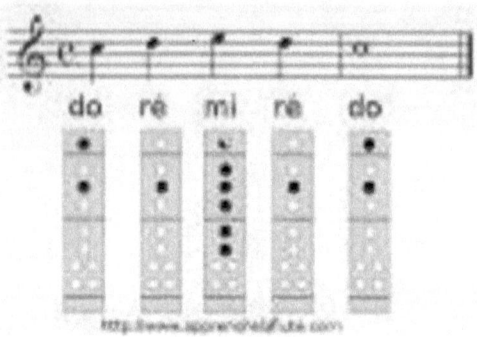

Là nous somme dans la deuxième octave de la flûte à bec, notez que le doigté du mi aigu est un peu plus compliqué...courage!!!

Exercice 4 : fa sol la sol fa

Enchainez les notes suivantes comme dans l'extrait sonore : fa sol la sol fa

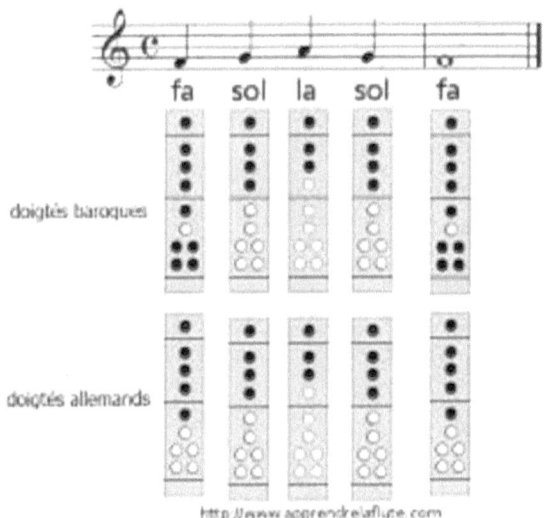

Frère Jacques

Flûte à bec soprano
http://www.apprendrelaflute.com
doigtés allemands

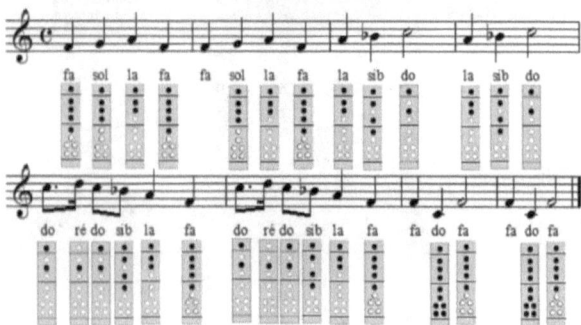

Mon beau sapin

Flûte à bec soprano

http://www.apprendrelaflute.com

doigtés baroques

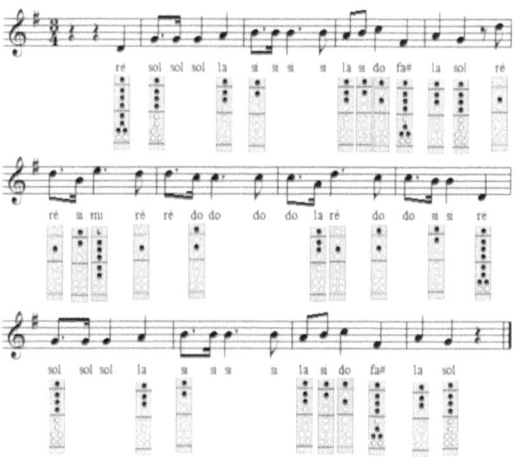

Exercice "sol la si do ré"

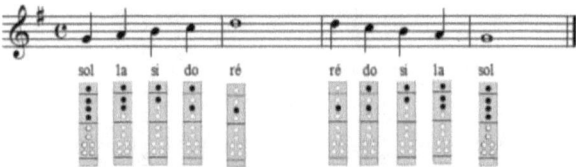

Petit papa noël

Flûte à bec soprano
http://www.apprendrelaflute.com
doigtès baroques

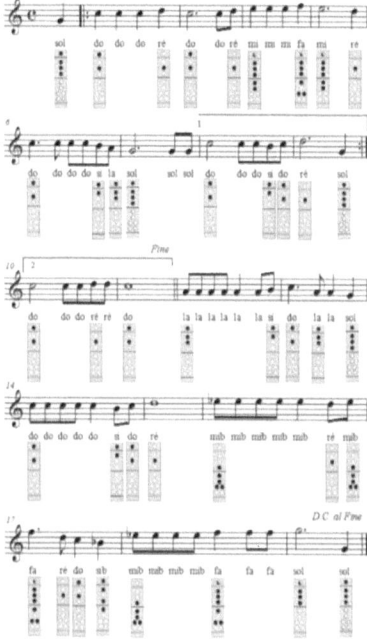

Joyeux anniversaire

Flûte à bec soprano

http://www.apprendrelaflute.com

doigtés baroques

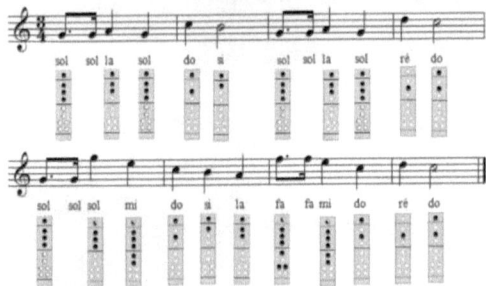

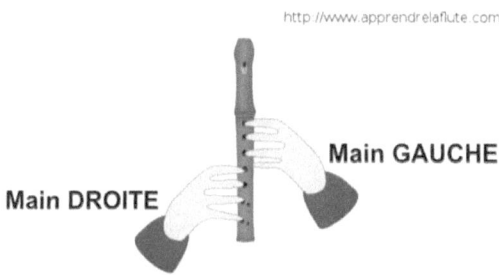

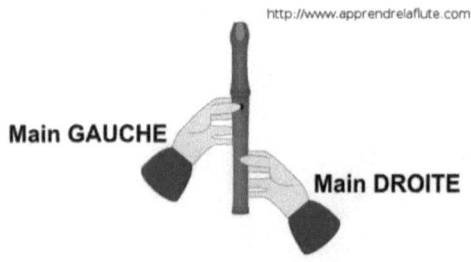

http://www.apprendrelaflute.com

Main GAUCHE

Main DROITE

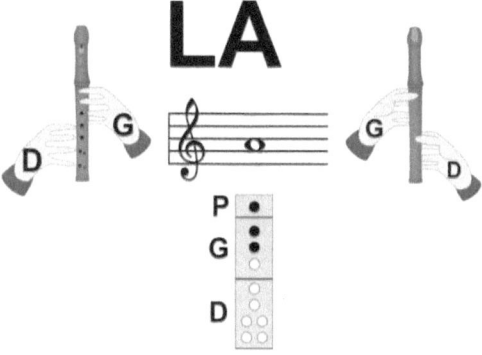

SI

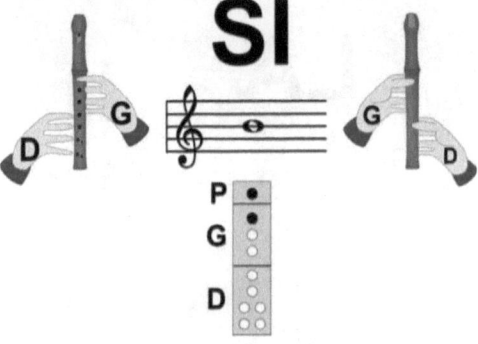

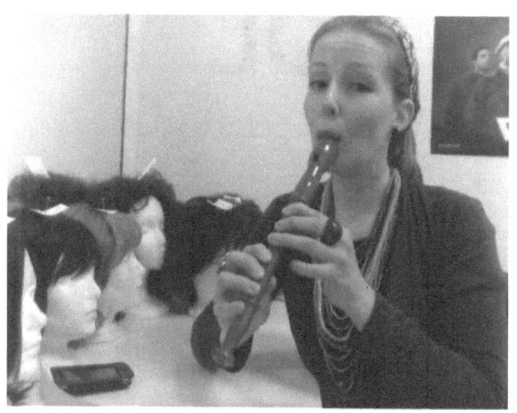

SOL

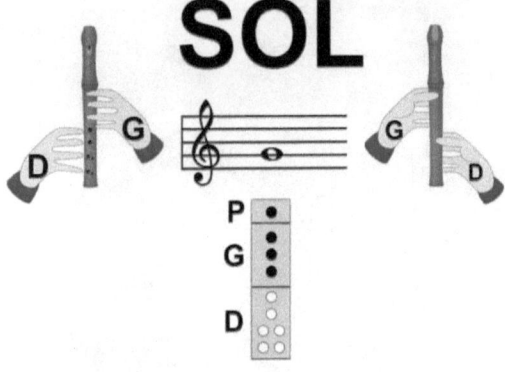

Au clair de la lune

Flûte à bec soprano

http://www.apprendrelaflute.com

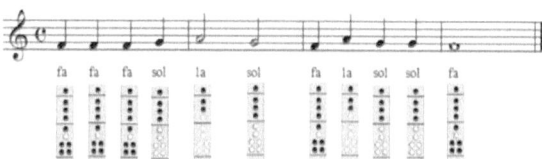

CONCLUSION

Je me réjouis de la fin du livre et des obligatoires de flûte à bec à l'égard des enfants. C'était à mon avis une erreur dans la mesure où tous les enfants n'étaient pas forcément intéressés par l'apprentissage d'un instrument de musique à bas âge, mais surtout parce que ces "cours" ne pouvaient les y conduire, les enseignants eux-mêmes n'étant pas suffisamment formés pour donner envie de jouer de la flûte. L'image de la flûte à bec a été ternie par cet enseignement au collège dans notre pays, mais il s'agit d'un véritable instrument, peu entendu dans nos orchestres car plus ancien que les formations que nous entendons habituellement. Mais dans d'autres les pays d'Europe la flûte à bec est reconnue à sa juste valeur. Espérons que cela vienne un jour en Haïti! **Prenez soin de votre flûte.** La durée de vie d'une flûte à bec varie en fonction des soins qui lui sont apportés.

Pour nettoyer votre flûte, vous pouvez utiliser un chiffon légèrement imprégné d'eau savonneuse ainsi qu'une vieille brosse à dents pour frotter le bec. Veillez à bien laisser sécher votre flûte avant toute nouvelle utilisation.[3]

Rangez votre flûte à bec dans un étui pour ne pas l'abîmer.

Veillez à ne pas exposer votre flûte à de trop fortes variations de température. Évitez également de la laisser, par exemple, au soleil dans une voiture ou encore près d'un radiateur.

Apprenez la technique du « coup de langue ». Lorsque vous jouez une note, imaginez que vous prononcez la lettre « T » en soufflant.

En imaginant prononcer la lettre « T », votre langue se placera contre votre palais. On appelle cette technique le « coup de langue ». Elle sert à stopper les notes de manière précise.

Faites attention à ne pas prononcer le « T » lorsque vous jouez. Penser au « T » doit uniquement vous servir à appliquer la technique du « coup de langue ». Pour résumer : en pensant au « T », votre langue se placera contre votre palais et stoppera net la note jouée.

Entrainez-vous à souffler dans votre flûte à bec. Gardez à l'esprit que la force avec laquelle vous allez souffler aura une incidence directe sur le son émis.

En soufflant trop fort, vous produirez une sonorité aigüe, désagréable. Pour un rendu mélodieux, soufflez doucement, comme si vous souffliez pour faire des bulles de savon.

Essayez de respirer de façon régulière et douce, comme si vous souhaitiez faire des bulles de savon !

Respirez en employant le diaphragme. L'air doit s'écouler doucement depuis votre bouche vers la flûte pour générer une sonorité constante. Cela vous permettra également de tenir vos notes plus longtemps. Une bonne posture suppose de vous tenir assis(e), bien droit(e), les épaules en arrière.

Entrainez-vous. À présent que vous connaissez les notes, il ne vous reste plus qu'à vous exercer !

Commencez par jouer lentement - le plus important est que les notes sonnent juste. La vitesse viendra avec le temps.

Une fois que vous finissez de jouer

Rangez votre flûte à bec dans un étui pour ne pas l'abîmer.

Veillez à ne pas exposer votre flûte à de trop fortes variations de température. Évitez également de la laisser, par exemple, au soleil dans une voiture ou encore près d'un radiateur.

Soufflez doucement

Gardez votre flûte droite et pointée vers le bas.

Pour en savoir plus sur la façon de jouer de la flûte,

Faire de votre quotidien une obligation de consulter votre livre et d'autres personnes pouvant aider à mieux apprécier la flute à bec.